AQUELLOS POEMAS QUE NO ME ATREVÍ A ENTREGAR

ExLibric

SALMA RZIGUI EL FADLI

AQUELLOS POEMAS QUE NO ME ATREVÍ A ENTREGAR

EXLIBRIC
ANTEQUERA 2025

AQUELLOS POEMAS QUE NO ME ATREVÍ A ENTREGAR
© Salma Rzigui El Fadli
Diseño de portada: Dpto. de Diseño Gráfico Exlibric

Iª edición

© ExLibric, 2025.

Editado por: ExLibric
c/ Cueva de Viera, 2, Local 3
Centro Negocios CADI
29200 Antequera (Málaga)
Teléfono: 952 70 60 04
Fax: 952 84 55 03
Correo electrónico: exlibric@exlibric.com
Internet: www.exlibric.com

ISBN: 979-13-87707-16-3
Depósito Legal: MA 406-2025

Impresión: PODiPrint
Impreso en Andalucía – España

Nota de la editorial: ExLibric pertenece a Innovación y Cualificación S. L.

SALMA RZIGUI EL FADLI

AQUELLOS POEMAS QUE NO ME ATREVÍ A ENTREGAR

*Para todos aquellos que jamás
cumplieron un sueño, porque no se les dio
la oportunidad de volar.
Para todos aquellos cuyas alas
fueron arrebatadas antes de llegar a despegar.
Para todos aquellos que su historia
no se atrevieron a contar.*

CRECER

Mi colección de conchas en el cajón se asoma.
A la vez, mi infancia también.
Decido observarla.
No decido llorar,
pero no lo evito.
No evito llorar,
porque no tengo el poder de hacerlo,
porque si tuviera el poder de hacerlo,
mi colección no se asomaría por el cajón,
porque si pudiera evitar,
evitaría crecer.

Querido diario

Querido diario:
Todo está igual y todo está cambiado.
Me pregunto qué hubiera pasado
si estuviera en este lado.
Desearía todo haberlo arreglado
y que todos esos recuerdos
no fueran desechados.
Y sé que todo pasa por algo,
pero ojalá nada hubiera pasado.
Ojalá me hubiera quedado
en ese antiguo querido diario.

HE PERDIDO

Perder es tener, pero sin poder alcanzar.
Perder es aspirar a volver a ganar.
Perder es el momento
en el que ya no hay vuelta atrás.
Perder es cuando lo has dado todo
y ya no puedes dar más.
Perder es intentar y no lograr.
Perder es desear regresar y no poder llegar.
Perder es aquello que no pudimos evitar.
Perdí en el momento en que te dejé marchar.
Perdí cuando ya no se podía solucionar.
Perdí cuando en tu rostro ya no había felicidad.
Perdí cuando no te volví a ver más.

MUTUO

Me miró mal,
lo miré mal
y, sin ninguna razón,
se compartió mutuamente la emoción.
Capaz, no llegó a hablar.
Capaz, no llegué a hablar,
pero capaz en el tiempo que sí habló
y capaz en el tiempo que sí hablé.
La emoción no fue mutuamente compartida,
aun habiendo razón,
por lo tanto, me mira mal
y lo miro mal.

¿POR QUÉ?

La anticipación
es la mayor perdición.
Si ayer era una niña,
¿por qué hoy ya no?
Si ayer jugaba,
¿por qué hoy lloraba?
Si ayer tenía cosquillas,
¿por qué hoy estoy con las pastillas?
Si ayer tenía corazón,
¿por qué hoy soy un simple clon?
Si ayer sabía quién era,
¿por qué hoy dejé de ser una guerrera?
Si ayer no quería crecer,
¿por qué hoy me anticipé?

SUSPIRO

Suspiro,
me miran y piensan
en hacerme un crucifijo.
Suspiro,
me miran y se preguntan
cómo perdí el camino.
Suspiro,
me miran y ocultan
las ganas de llamarme puta.
Suspiro,
me miran y se ríen
con sus amigos.
Suspiro
y no hablo, porque significará
que lo que dicen tiene sentido.

ME LO QUITASTE

Te odio.
Te odio, porque me lo quitaste,
me quitaste la alegría de todos mis días;
me quitaste las horas donde sonreía;
me quitaste los chistes que hacía;
me quitaste la noche y el día;
me quitaste el disfrute de mis tonterías;
me quitaste la tinta con la que escribía;
me quitaste lo que mis lágrimas impedían;
me quitaste lo que yo más quería.
Te odio, porque todas estas cosas
ya no son mías.

Por siempre

Da igual prometer un por siempre,
ya que daba igual que estuviera ausente,
daba igual que quisiera lucir diferente,
daba igual lo dañada que estaba mi mente,
daba igual si me llamaban demente,
daba igual que espantase a la gente.
daba igual, por mucho que lo lamente.
Solucionabas todo eso de manera inconsciente,
hacías sentir que todo eso era incoherente,
me hacías sentir diferente,
que todo podía lograr fácilmente,
que tenía todo el mundo de frente,
pero ahora da igual,
porque te fuiste por siempre.

PERMANECÍ

Permanecí:
los vi nacer,
los vi jugar,
los vi crecer,
los vi trabajar,
los vi vivir
y los vi marchar.

No fui yo

No sé qué ocurrió.
No sé qué lo provocó.
Lo tenías.
Tenías ambición,
alguna aspiración,
mucha motivación.
Tenías ese don.
Tenías toda la aclamación.
No sé qué te detuvo,
pero sin duda no fui yo,
porque conmigo estabas mejor,
conmigo sacabas tu mejor versión,
conmigo llegarías al sol,
pero por desgracia eso no pasó.
Tomaste tus decisiones
y tienen mi aceptación,
aunque no sé qué ocurrió,
pero sin duda no fui yo.

NADA

Aún recuerdo esa madrugada
que me pregunté
por qué no servía para nada,
y me viste la cara
y te reíste a carcajadas.
Aún recuerdo esa madrugada
que viniste con la cara dañada
y me preguntaste
por qué no servías para nada
y te vi la cara
e hice lo posible porque ya no lloraras.

TE ODIO

Te odio.
Te odio tanto…
Odio tu arrogancia al hablar.
Odio tu confianza al socializar.
Odio la luz que desprendes al caminar.
Odio que contigo no me siento anormal.
Te odio tanto, que en ti no dejo de pensar.
Te odio tanto, que te dedicaría este poema
y un millón más.
Y te odio tanto, que mi corazón
solo contigo desea estar.

PENSANDO

Cogía el dinero y lloraba,
pensando en cuánto me faltaba,
pensando en por qué nací tan desgraciada,
pensando en el sueño de ser privilegiada.
Cogí el dinero y me alcé,
pensando en que todo iba a ir bien,
pensando en cuánto me esforcé
y pensando en todo lo que lograré.

LLORASTE

La viste marchar y lloraste.
Lloraste, aunque solo fuese un trance.
Lloraste, aunque solo fuese un viaje.
Lloraste, aunque fuese insignificante.
Lloraste, porque siempre la amaste.
Y te vi…
Vi cómo lloraste.
Vi lo que nunca a mí me lloraste.
Vi lo que nunca a mí me amaste.

TE APRECIO, TE VEO

Te aprecio.
Te veo.
Aprecio tus ojos.
Veo que son luminosos.
Aprecio tu ropa.
Veo lo poco que usas la lavadora.
Aprecio tu sonrisa.
Veo que conmigo nunca la usarías.
Aprecio la imagen que tengo de ti.
Veo que, realmente, nunca te conocí.

BARCO

Estoy en un barco.
De la mochila me da miedo el pago.
Ellos van en asiento privado.
Me conformo con ropa de segunda mano.
A ellos les limpian los zapatos.
Me aterra gastar demasiado.
Ellos no saben ni cuánto tienen en el banco.
Amaría hacer un viaje todo pagado.
Ellos van solo porque los han obligado.
Ellos son de la clase de privilegiados.
A mí me dejarían hundirme con el barco.

HIPO

De pequeña me daba hipo cuando viajaba.
Al poco tiempo, me di cuenta de que era
porque me emocionaba.
Ahora, cuando viajo, ya no tengo hipo.
De pequeña me daba hipo el primer día de clase.
Al poco tiempo, me di cuenta de que era
porque partía hacia una nueva fase
Ahora ya no tengo hipo
y solo espero que el día pase.
De pequeña me daba hipo cuando soñaba.
Al poco tiempo, me di cuenta de que era
porque quería que eso pasara
Ahora, cuando sueño, ya no tengo hipo.
Ahora ya no tengo hipo.

PUNTO FINAL

Es curioso pensar
que dentro de poco voy a despertar
y nada de esto va a estar
y dejará de ser real.
Desde un principio
sabía que era temporal,
pero, aun así, fue algo
a lo que me decidí aferrar.
Y es triste y me duele pensar
que dentro de poco
voy a ponerle punto final.

TE ADMIRÉ

Siempre te admiré.
Siempre de ti quise aprender
pues a todos les caías bien.
Y pensaba que yo a ti también.
Pensé que me veías
como algo más que una obligación,
pero veo que no.
Te consideraba mi amiga.
Tú solo te considerabas mi niñera.
Me enseñaste a vivir, sí,
pero nunca confiaste en mí.

LO INTENTÉ

Hice todo por parecerme a ti;
sin embargo, nunca lo conseguí.
Y sí, sucumbí
a lo importante que eras para mí.
A pesar de que yo nunca lo fui para ti.
al intentarlo, lo descubrí:
un mundo nuevo
que me hizo querer quedarme ahí.
Y te entendí…
Entendí por qué eras así.
Entendí por qué quería parecerme a ti;
sin embargo, nunca lo conseguí,
y ahora agradezco que fuese así.

FRACASÉ

No sabía en qué pensar,
ni dónde podía encajar.
Apareciste, me diste la mano
y me dejé llevar.
Me intentaste ayudar,
pero me hacías dudar.
Lo ignoré,
porque pensé
que solo querías mi bien.
Mi único pecado fue crecer
y, por eso, me dejaste de querer.

UNA NIÑA

Una niña no debería crecer
pensando en dinero.
Una niña no debería crecer
preocupándose por las facturas.
Una niña no debería crecer
diciendo «no me lo puedo permitir».
Una niña no debería crecer
obsesionada con ganar más.
Una niña no debería crecer
teniendo menos oportunidades
que los demás.
Una niña no merece crecer así.

ABANDÓNAME

Y abandóname.
Rehaz tu vida,
comienza de nuevo
y olvida.
Déjame atrás
y piensa en no volver a verme jamás.
Inicia lo que siempre querías
y permaneceré ahí,
esperando a que vuelvas por mí.
Remplázame
y yo aquí estaré,
rezando porque me vuelvas a querer.

ME OLVIDÉ

Me olvidé
incluso de lo que pudimos establecer,
incluso de lo felices que fuimos ayer,
incluso de los deslices que me hiciste cometer,
incluso de las lágrimas que de ti vi caer,
incluso del cargo que me hiciste ejercer,
incluso de cómo te llegué a querer,
incluso del día en que te llegué a conocer.

LO SÉ

Lo sé.
Sé que detestas llevar el pelo así.
Sé que gastar bromas te hace feliz.
Sé que al ver a tus amigos te sale sonreír.
Sé que cuidas esos labios carmesí.
Sé que dices cosas de las que te vas a arrepentir.
Sé que eres el rey de mostrarse seguro de sí.
Sé que buscas el sentido de vivir.
Y a pesar de saber todo esto,
sigo autoconvenciéndome
de que no me estoy enamorando de ti.

PERO YO AÚN

Me enterraste,
pero yo aún respiraba.
Me dijiste adiós,
pero yo aún no me marchaba.
Me diste por perdida,
pero yo aún estaba.
Me apuñalaste,
pero yo aún no sangraba.
Me callaste,
pero yo aún hablaba.
Me mataste,
pero yo aún confiaba.

¿CONFIAR?

¿Y cómo puedo confiar
en quien me puede matar?
Si estos son los defensores de la gente,
¿por qué les doy igual cuando soy diferente?
Seguro que si encajara, por mí darían la cara.
Pero como soy de esta forma
mi inocencia no les conforta.
Si existiese la igualdad,
nadie cuestionaría mi credibilidad.
En el momento en que él comete una estupidez
es a mí a quien encierran hasta la vejez,
pues quién dudaría de un blanco
si soy yo el capaz de robar un banco.
Si se equivocan es un simple error,
pero uno de nosotros se equivoca y va a prisión.
Este es el lugar donde deberíamos
sentirnos seguros, pero si seguros están solo
los que nacieron puros…
¿Cómo voy a creer que alguien así es la justicia
si la mayor parte de mi gente
está encerrada por esa malicia?
Creerse superiores no los hará mejores.
Nos toca sacrificarnos
para que los nuevos vivan sin temores.

MERECER

Sí, soy un criminal,
pero no merezco ser tratado
como un animal.
Sí, este no es mi país natal,
pero no existe ni una persona ilegal.
Sí, no tengo la mejor salud mental,
pero no significa que mi cabeza esté mal.
Sí, tienes razón,
pero, aun así, merezco un perdón.

Superior

Ellos te consideran superior,
yo no,
aunque me guste tu risa encorvada,
aunque me haga gracia tu habla descarada,
aunque me interese tu actitud sobrada,
aunque adore tu tez bronceada,
aunque adore toda tu mirada,
aunque quizá sea yo…
Te considero superior,
ellos no.

Amar por mil

Me gustas.
Me duele.
Se me acaba el tiempo.
Ya no llueve.
Quien no arriesga no gana,
pero quien arriesga a veces pierde.
Me gustaría oírte,
tenerte,
sentirte.
Jamás me cansaría
ni de esa sonrisa,
ni de ese carisma,
ni de tu cabello pardo,
que me transmite a nuestras manos
entrelazadas en un prado abarrotado.
Pues para mí no existe alguien más
ni nunca lo habrá.
Te amo más de lo que pensé
que se podía amar
y juré que no me llegaría a enamorar,
pero por ti me haré pecar,
pues te amo y ya no lo puedo ocultar:
te pertenece mi corazón
y sé que serás mi mayor perdición.

OTRA VEZ

Nos volvemos a ver
después de juntos crecer.
Solo tú y yo otra vez
nos volvemos a ver.
Nos volvemos a querer
y esta vez sé
que no lo echaré a perder.

Un par de segundos

Me miras.
Lo siento.
Me congelo.
Vuela tu pelo
Mis ojos te miran.
Mis pulmones suspiran.
Tu hermosa mirada,
yo sofocada.
Un par de segundos
que me abren un mundo.
Profundos, acaramelados,
me hacen imaginar
un futuro a tu lado.
Tus labios bermejos
cada día más bellos.
Tanto me haces sentir
que me pongo a sonreír.
Esa mirada profunda
me perseguirá hasta la tumba.

SACRIFICIO

Vi como sufrías
y hacías sufrir a los demás,
y me prometí no estar en tu lugar jamás.
Seré un orgullo,
no un capullo.
Haré lo que no pudiste hacer,
lo conseguiré.
No cometeré el mismo error,
ese es mi mayor temor.
No supiste salir adelante,
así que tuve que adelantarte.
Y lucharé,
porque, a diferencia de ti,
yo sí me sacrificaré.

NUNCA

Me dijiste que no
y ni siquiera me importó.
Sí, mal me sentó,
pero, aun así, no me dolió.
Quizá solo fue la ocasión,
o simplemente la presión,
pero fuese lo que fuese
nunca fue amor.

ARREPENTIDA

Te escribí mil poemas,
para ti solo fueron problemas.
Te imaginaba en mi vida,
para ti solo era una entrometida.
Y me siento arrepentida
de desperdiciar mi tiempo
por alguien con tan poca valía.

SANGRE

¿Por qué no lo dejas de intentar,
si nunca serás como los demás?
Por mucho que así vistas,
da igual cuánto finjas:
tu sangre siempre será la misma.

ME DORMÍ

Me dormí.
Desaparecí.
El planeta giró
y yo permanecí.
La gente siguió
y yo aún estaba ahí.
El mundo vivió,
pero yo me dormí.
Y fue lo mejor
que nunca sentí.

Poli bueno, poli malo

Cuando el poli bueno
pierde al poli malo
y le toca ser ambos,
no sabe manejarlo
y sucumbe a la idea
de no hacer daño,
aunque eso implique
traicionar al poli malo.

MAL

Me tienes mal.
No puedo estudiar.
No me puedo arreglar.
No puedo caminar.
No me puedo concentrar
sin en ti dejar de pensar.

Conversación

Me encanta ver cómo se mueve tu boca.
Aquí me tienes como boba,
observando cada mechón de pelo que te asoma,
los hoyuelos que en tu cara se forman.
Las expresiones que pones me volverán loca.
Ver en tus ojos mi reflejo
es como si atravesase un espejo
y deseo para siempre permanecer dentro.
Cómo mueves las manos,
las agitas dando palmos.
Cómo se te entrecierran los ojos.
Cómo los veo tan caramelosos.
La elevación de la comisura de tus labios
me va a hacer caer más por tus encantos.
El olor que transmites
me hace querer acercarme
hasta ver cuánto me lo permites.
La imagen de tu sonrisa,
tu mandíbula tan lisa…
Con esa dulzura vas a acabar
con toda mi compostura.
Me vas a arruinar,
ya que todo esto lo he pensado
simplemente al conversar.

TEMOR

Estoy demasiado contenta.
La gente se empieza a dar cuenta.
Me preguntan por ti
y digo que no significas nada para mí.
Pero quizá no es así.
Quizá lo eres todo para mí
o quizá no soporte estar cerca de ti.
En todo caso, provocas un efecto en mí
que nadie antes ha sido capaz de transmitir.
Pero es que, mírate, tú eres así,
y no soporto interesarme tanto en ti.
Si lo dejo pasar,
solo me hago más daño a mí.
Pero si lo confieso, será real para ti.
No sé qué hacer y me frustra demás,
ya que dije que no sería como las demás.
Pero me equivoqué como nunca jamás,
ya que ahora la razón la busco en mi corazón
y eso me genera demasiado temor.

PREDESTINACIÓN

Probablemente, tras esto
no volvamos a coincidir.
Pero si el destino quiere,
nos volverá a unir.
Y sé que no hay posibilidad.
Quizá solo seas el primero
del que me llegue a enamorar,
pero quizá estamos predestinados
a volvernos a encontrar
y ansío el día en que eso pasará.

INVASIÓN

Mi diario solo lee tu nombre.
Mis poemas solo llevan tu apellido.
Mi cabeza solo piensa en tu apodo.
Estás en cada rincón de la oscuridad.
Estás en cada canción que puedo escuchar.
Estás en todo sitio en que me siento especial.
Invades todo mi ser de manera irracional
y has invadido toda mi realidad.

TÍPICO

Eres el típico
que mientras ve una peli no para de hablar.
Eres el típico
que se ríe en momentos de seriedad.
Eres el típico
que no puede evitar dramatizar.
Eres el típico
que en las fiestas es el primero en bailar.
Eres el típico
que se presenta a un examen sin estudiar.
Eres el típico
con cero responsabilidad.
Eres el típico
que siempre tiene curiosidad.
Eres el típico
que no puede vivir sin bromear.
Eres el típico
que por sus amigos podría matar.
Eres el típico
del que me llegaría a enamorar.

Mamá

Tantas series que no terminaste,
tantos momentos de los que ya no formas parte,
tantas sonrisas las cuales olvidaste,
tanto dolor que no pude evitarte,
tanto amor que me faltó darte…
Me siento egoísta por siempre pensarte,
pero me resulta imposible no extrañarte.

INFINITO

Si valgo menos
por aspirar a más,
espero que usted
no me pueda perdonar.
Y no me importa
sonar irracional,
pues quien compite
va a ganar.
Si soñar es delito,
condéneme al infinito.

RIDÍCULO

Me parece absurdo
cómo se le sonrojan las mejillas al verte,
cómo siempre sueña con tenerte,
cómo se le para el corazón al tenerte de frente,
la manera en la que te ve como alguien decente.
Es estresante que te perciba
como alguien tan inteligente.
Te ve con una belleza sobresaliente,
con tu maldita cara sonriente.
Me parece totalmente ridículo
que todas esas sensaciones
pasen por mi mente al verte.

MADRUGADA

Cómo se nota lo fácil
que puedes ceder.
Solo quieres pertenecer,
una de ellos ser,
Lo deseas tanto,
que te estás matando.
Pero nadie te hace caso,
siempre serás a la que nadie
le ha importado.
Por más que quieras encajar
no lo vas a lograr.
¿Por qué no lo dejas de intentar,
si siempre vas a sobrar?
Puedes vestirte como ellos,
hablar como ellos,
convivir con ellos,
pero nunca vivirás como ellos.
No eres privilegiada,
ni socialmente aceptada,
Eso solo te convierte
en marginada, rechazada, ignorada…
Mis pensamientos de cada madrugada.

INVENTO

Por estar bien todo el tiempo
no me merezco tu tiempo.
Se te olvidó que fui yo
quien creó este invento.
¿Te refresco la memoria
o te da igual mi esfuerzo?
Podría haberte destrozado
con un solo dedo,
pero decidí confiar
en quien traicionó mi ego.
Y está bien, pero me niego a admitir
que te olvidas cada vez más
de quien te dedicó todo su tiempo.
Y ahora robas, porque es tu único talento.
No olvides que quien fabrica un invento
es el único que tiene el poder de romperlo.

PESIMISMO

Y tus problemas son un mundo.
Uy, ¿te han hablado mal?
Debió de ser muy duro.
¿Vas a llorar ya?
Espera, yo te ayudo.
Vaya, te has hecho un corte.
Seguro que es muy profundo.
¿Acaso no conoces la felicidad?
Si lo tuyo es la debilidad,
el pesimismo es tu única personalidad.
No te la voy a recriminar,
pero aléjate ya,
que me estás haciendo mal.

MIEDO

Soy humana.
Vivo con miedo.
Desde que te fuiste
temo perderme de nuevo.
Cada vez que me resfrío
el mundo se vuelve vacío.
Aún veo esa cama del hospital
donde solías estar,
donde tengo reservado un lugar
y donde mucho tiempo voy a pasar.
No me dejarán en paz.
Normal, sabiendo
de lo que mi cuerpo es capaz
Tarde o temprano me va a mutilar.
Solo me queda rezar,
pero sé que ni eso va a funcionar.
Por más que lo desee
nada me podrá salvar.

CURA

Si te amé tanto,
¿por qué te marchaste?
Si te amé tanto,
¿por qué no luchaste?
Si te amé tanto,
¿por qué no pudiste quedarte?
Si te amé tanto,
¿por qué me la arrebataste?
Si te amé tanto,
¿por qué tuvo que matarte?
Es una respuesta sencilla:
por más que te amé,
el amor nunca curará el cáncer.

Recordar

No te olvidé.
Simplemente no quiero recordar,
porque me hará llorar,
porque no me volveré a levantar.
No quiero porque sé lo que pasará.
Sé que, si intento recordar tu voz,
me caeré y nadie me podrá recoger.
Si me acuerdo de tu sonrisa,
veré que es igual que la mía
y comenzaré a cubrirla
Como me acuerde de esos momentos,
la palanca ya no tendrá freno
y esta vez no habrá un nuevo comienzo.
Sé que esta vez me dolerá,
pero no se curará.
Esta vez no hay quien me pueda ayudar
y sé que, si algún día me pongo a recordar,
no volveré a respirar.

FELIZ CUMPLEAÑOS

Te escribo.
Te escribo, porque no me atrevo a decirlo.
Te felicito en mi mente,
ya que, si te tuviese de frente,
esto sería incoherente.
Feliz cumpleaños
te mereces todos los años
y los irás disfrutando
como desde que éramos enanos.
Con la sonrisa en los labios,
cómo desearía besarlos,
decírtelo sin daños,
pero no va a suceder.
Te felicito mentalmente
y para mí es suficiente.
Me tatuaría esta fecha,
probablemente esté deshecha.
Es una locura
todo lo que siento por tu poca cordura.
Creo que esto es muy directo,
pero estoy harta de indirectos,
así que lo diré sin más engaños:
feliz cumpleaños.

ORGULLO

Debías verme
con la toga,
mi diploma,
dando un discurso,
la mejor del curso,
conduciendo un coche,
estudiando de noche.
Debías verme con argullo.
Debí ser tu mayor orgullo.

FRACASADA

Quizá sea mi problema.
Me creí demasiado buena,
y realmente lo siento
por pensar que tenía talento.
No es algo que me salga natural,
simplemente me he esforzado
por tener un buen funeral
para que recuerden de lo que fui capaz.
Pero ¿qué van a recordar?
Una simple fracasada
que se creyó capacitada.

NEFELIBATO

Música alta en los coches.
Es que es un sábado noche.
La gente baila y, sin reproches,
aquí estoy yo con mis cabellos despeinados,
en un estado nefelibato,
no pensando en los daños.
Simplemente ahí,
soñando estar feliz,
bailando y riendo
como si no hubiese fin,
hablando y sintiendo la adrenalina
como si fuese un botín.
Abro los ojos y sigo aquí,
deseando algún día escapar
y empezar a vivir.

Dinero

Para mí, el dinero es la felicidad.
Y sí, sé que suena superficial,
pero es lo que piensas
al no usar marca original.
Quiero tener más y más,
aunque signifique gastar.
Me da igual
el tiempo invertido.
Es muy bonito,
pero para ir al supermercado,
mejor no me invito:
bolsos,
ropa,
zapatos,
marcas…
Un mundo al que no pertenezco,
pero moriría por usar algo nuevo.
Y me estoy pasando, lo sé,
pero vivo soñando con crecer
y dinero tener.
Odio esta sensación.
Esta no soy yo,

pero querer encajar me consumió
y ahora no hay nadie capaz
de hacerme cambiar de opinión.

INTELIGENTE

Critica todo menos mi mente.
Sé que suena prepotente,
pero lo piensa hasta mi yo inconsciente.
No nací para la actuación,
pero quizá sí para la innovación.
No soy de pasarela,
soy de estudiar noches en vela.
Nunca fui suficiente,
hasta que me fijé en mi subconsciente.
Quiero romper el reflejo,
pero pienso en la composición
química del espejo.
Doy asco de cara,
pero si se basase en inteligencia,
nadie me gana.
Ojalá todos fuéramos ciegos,
así no tendríamos que vernos
y juzgaríamos a todos
basándonos en su ingenio
o en su oculto talento.
Quizá nunca llegue a ser top model,
pero a quién le importa eso
si gano un Nobel.

Niña necesitada

Sé que no tengo razón.
Lo sé desde hace un montón,
pero me niego a demostrarlo,
porque sé que una vez me derrumbe,
no habrá quien me ayude.
Actúo como si no me importara.
Realmente estoy aterrada.
Prefiero ser una malcriada
a una niña necesitada.
No quiero mostrar debilidad,
porque una vez lo haga,
no pararé de llorar.

PASANDO

Te estás pasando.
Sé que últimamente te estás frustrando,
pero no es justo que conmigo lo estés pagando
y que por tu culpa pase el día llorando.
Quizá no sea ejemplar,
pero ni se te ocurra tratarme como a un animal.
No soy tonta, ni inmadura.
Soy una niña que está creciendo
y la vida le está pareciendo dura,
pero no tienes excusa.
No es justo que me des miedo.
No es mi culpa que no lo estés pasando bien,
pero sí es tu culpa que yo no lo esté.
Me tapo los oídos e ignoro los gritos,
pero en algún punto me reventarán los tímpanos,
y más te vale en ese momento no sentirlo.

ÚNICO

Deseo describirte,
pero temo no percibirte.
Usaría cada uno de mis poemas,
pero sé que limitaría tu esencia,
pues tu encanto es único.
Nunca lo dudo.
Eres como el arcoíris tras la lluvia,
como el cielo tras la tumba,
como una mordida al algodón de azúcar,
como el reflejo de un paisaje en un pantano,
como la brisa una noche de verano.
¡Joder, cuánto te amo!
Deseo empezar una historia.
No sé cuándo será la convocatoria,
pero sé que tú eres la única gloria.

Terminé y lloré

Terminé y lloré.
Lloré por todo lo que soporté.
Lloré tanto que hasta me mojé.
Lloré y todo solté.
Lloré y me relajé.
Lloré,
pero terminé.

APUESTA

Apostaste por mí hasta tal punto
que me quería morir.
Sí, tengo pasión,
pero no merezco esta presión.
Desde la infancia destacaba.
Evidentemente, esa carrera yo la ganaba,
pero temblaba cada vez que la fastidiaba.
Di todo lo que pude dar
y, aun así, me faltó confiar.
Debo ganar;
si no, te voy a defraudar
y por mí no volverás a apostar.

PÁJARO

«Tampoco pinto nada»,
pensaba avergonzada,
pero era algo que realmente anhelaba,
tanto que por ello mataba.
Dejar la educación,
pertenecer a la población.
¿Qué tiene de malo pensar
en querer encajar?
Nunca seré así.
Con la opresión tendré que vivir,
con una libertad la cual no podré conseguir,
con un objetivo que nunca se llegará a cumplir.
Un pájaro al que lo abandona su bandada,
o uno al que aún no le funcionan las alas,
o, por el contrario, uno cuyas alas fueron cortadas.
Respiro un aire no filtrado,
muy muy saturado.
La mentalidad que me han inculcado
es algo que pronto habré superado.
Un humano no puede ser así criado,
sin oportunidades de ser valorado,
con el sueño frustrado de ser destacado
y, sin embargo, sin el derecho a probarlo.

Ojos

Me permití cerrar los ojos
tras esconderlos entre cerrojos.
Estaban realmente rabiosos,
seguían sin creerse mis sollozos
tras escucharte partirme en pedazos.
Podré vivir otros mil siglos,
pero mi alma murió el día donde los deseos
se transformaron en desechos.
El día que los sueños quedaron prohibidos.

OLVIDADA (I)

Estaba muy ilusionada,
pero ni siquiera estaba invitada.
Al parecer fue por pena,
pues mi falta de gracia es mi condena.
Nunca seré lo suficientemente buena.
Solo me queda esperar
a que algún milagro suceda.
Se supone que somos amigas.
¿Por qué tan mal me miras?
Soy tan asquerosa…
Mi personalidad marchitaría una rosa.
No merezco ser amada, solo abucheada
hasta que de mí no quede nada,
hasta que mi presencia sea olvidada,
hasta el día que deje de ser recordada,
para el cual estoy condenada,
y no falta nada.

OLVIDADA (II)

Me estoy sintiendo mal.
Será mi culpa parecer anormal.
Soy tan fácil de olvidar
que ni me intentas llamar.
Soy tan útil cuando se trata de ayudar
y tan vacía cuando toca quedar.
Solo estoy por la necesidad,
nunca estuve por mi amabilidad.
Está bien, me da igual,
aunque ni yo misma me lo llego a tragar.
Si cualquier cosa pudiese preguntar,
no dudaría en demandar:
¿qué he hecho mal?
Es lo único que, al cerrar los ojos,
puedo pensar.
Me merezco al menos una pizca de verdad,
pero no se me va a entregar,
así que me tocará marchar
y nunca regresar,
hasta que todos me puedan olvidar.
Y no volveré a ser esa niña
que todos podían dañar.

MANDALA DEL TIEMPO

De pequeña deseaba ser un mandala,
ya que a todo el mundo alegraba,
mientras lo coloreaban.
Me echo mi perfume de bebé
con mucha fe
de recuperar la inocencia
que muy pronto me hicieron perder.
Me he presentado
a un examen para el cual no he estudiado
y no me ha importado,
y eso me preocupa demasiado.
Me siento descuidada asistiendo a una fiesta
a la que no he sido invitada,
con la boca enjuagada,
lista para fingir que no pasa nada.
Me miro al espejo y me pongo a pensar:
«¿Tan poco puedo importar?».
Me encuentro igual de olvidada
que los mandalas que coloreaba.

TALENTO

Me da miedo desperdiciar mi talento.
Tanto potencial, tanto intelecto…
Siempre dijeron que lo usase con pensamiento.
No se puede ser todo en la vida,
pero, si se pudiese, sé que lo conseguiría.
Aspiro a todo.
Aspiro a nada.
Conseguir un modo
de cargarme toda esta fachada.
No sé lo que haré,
pero sin duda la mejor seré
y te lo probaré.

SIN RENCOR

Si pudiese matar,
no dudaría en ir a por ti
y a por toda tu cobardía.
Te destrozaría, lo juraría.
No mereces ni el infierno,
pero, aun así, arde en el averno.
Seguro que ahí serás infeliz.
Desear el mal está mal,
me da igual.
No traiciono a los míos
y te aseguro que acabaría contigo.
Tú acabaste con todo sin ningún rencor,
así que no esperes que tenga compasión.
Quebraste algo que brillaba
y me tocará estar desquiciada.
Y si en otra vida nos volvemos a encontrar,
ni un segundo dudaré en actuar,
y más te vale no suplicar.

Ropa vieja

Igual que la ropa vieja
fue comprada,
usada,
disfrutada,
lavada,
dañada,
llorada,
abandonada,
y, finalmente, olvidada.
Pero en mi armario siempre habrá un lugar
para esa ropa que en algún momento
tuvo un buen hogar.
Siempre la recordaré.
Siempre te querré.

TAMBIÉN

Me pregunto si sientes también
la aceleración en el corazón,
contener la respiración,
apagando el ruido en mi oído.
Amaría que fueses mi prometido.
Esa es una palabra preciosa
y no solo porque significaría que soy tu esposa.
Prometer amarte.
Prometer que me amarás.
Mi mente se desborda de más.
No lo puedo evitar.
Quizá también sientes la tensión,
cómo aumenta la presión
cuando llega esa sensación,
cuando tus ojos ven el fondo borroso.
Si solo vieses que te miro con tanto adoro,
a lo mejor sientes también
cómo te tiemblan los pies,
cómo te camuflas con el atardecer.
Los dos deslumbráis y llegáis a arder.
Me pregunto si lo sientes también,
si soy yo la única que se siente tan bien.

MEDICINA

Se deshace en mi saliva
como un terrón de azúcar.
Se me nubla la vista,
pero no es obra de la lluvia.
De este corte profundo sale sangre,
pero tú lo curas.
Me haces tanto daño
que te anhelo todo el año.
Me hieres tanto
que acabaré en la locura.
Me haces tanto mal
que adoro tu sabrosura.
Eres la medicina
que me mantiene con cordura.

DESPERDICIO

Todo lo que desperdicié
estando contigo,
tanto tiempo perdido…
Hubiera agradecido
que me hubiesen advertido.
Y, Dios, qué castigo haber pensado
que esto sería distinto.
Me sentí tan especial
con ese vestido…
Lástima que lo cosiste
con un mal tejido.
Juraste ser un ser distinto,
pero quemaste todo
lo que habíamos escrito.
Y puedo perdonar un delito,
pero no perdono
que hacia mí fuese cometido.

Desaparezco
y me lo merezco

Un mundo al que siento
que no pertenezco;
sin embargo,
donde crezco
y me estremezco,
pensando en todo lo que perdí,
cambiando de sendero.
Quizá sea esto
todo lo que me merezco,
ya que fui egoísta
y lo siento,
pero aspiraba a más.
Y aquí de oportunidades carezco,
parezco un desecho
y encima me compadezco.
No soy de abandonar
y de hacerlo no me enorgullezco.
Ojalá tuviese más vidas
para poder tomar otro derrotero.
Ahora ya no obedezco,
me cuesta hacerlo.

Siento que desaparezco
y es lo que está sucediendo.

Pegamento

Pegamento.
«Solo será un segmento»,
lo prometo.
Lo derrito
y pierdo el sentido.
Un chaval decente
que perdió la mente,
sin caer en que destrozaría
a toda su gente.

BUSCO

Lo busco.
Pienso en las expectativas
que tengo.
Me detengo.
Me pierdo.
Temo.
Me da miedo.
¿Cómo dejo atrás algo
que he amado, sabiendo
que no lo he disfrutado?
Se me destroza el tejado
y consigo se lleva
todo lo que he trabajado.
Tanto me ha quitado
y, aun así, vivo suplicando
para parar el tiempo
y que me deje de hacer daño.
Pienso poco y actúo de más.
Debería frenar,
pero frenada está mi integridad,
la cual me fue arrebatada
antes de llegar,
como un dulce de un bazar.

Ojalá regresara,
aun sabiendo que me voy a condenar.
Busco y busco,
y no paro de buscar,
pero no lo puedo encontrar.
Sé que me hace falta,
pero también me hace falta luchar,
y luchar no es algo
de lo que yo sea capaz.

ÉL

Mi mente lo buscaba a él.
Mi subconsciente te esperaba a ti.
Deseaba sentir con él
lo que llegué a sentir por ti,
pero no lo conseguí;
sin embargo, fue él
lo que me merecí,
pero todas mis cartas
fueron escritas a ti

CONFIÉ

Robaste mi diario
y quemaste el candado.
Intentaste destruir
todo lo que había planeado
y te dejé la llave en la mano,
sabiendo que el cuarto
no estaba cerrado.
Me robaste,
porque te di la clave del candado.
Disparaste,
porque te di el revólver no asegurado.
Me mataste,
porque en ti había confiado.

SOÑANDO

Potencial desperdiciado.
Hasta a mí misma me he decepcionado.
Todo mi cuerpo ha temblado
hacia la idea de ser algo.
No sé si mi listón es muy alto,
o las posibilidades están muy abajo.
Solo sé que nací sin ningún tipo de trato,
no firmé ningún contrato.
Sin embargo, aquí estoy en mi cuarto,
simplemente soñando,
solamente aspirando a llegar a ser
alguien cuyo nombre he olvidado.

TÚ Y YO (ALGO QUE NUNCA PASÓ)

Hoy soñé contigo:
tus manos con las mías un día frío,
me mirabas con tanto brillo
y sonreías como un pequeño niño.
Sentí todo menos vacío.
Sentí todo lo que nunca había sentido.
Sentí todo eso contigo.
Y hablamos,
mucho hablamos,
toda la noche hablamos,
pero nunca nos besamos
y fue mejor de lo que habría imaginado.
Los besos son pasión,
pero las palabras son amor,
y con un sueño sentí todo el amor
al que siempre le tuve temor,
y por ello jamás te guardaré rencor,
aunque sepa que todo aquello nunca pasó.

Orgullo y prejuicio

Orgulloso era él.
Prejuiciosa era ella.
Él siempre pensó
que era la dama más terca.
Ella siempre pensó
que no le hablaría ni muerta,
pero, aun así,
se tomaron las molestias.
Él dañó su orgullo por ella.
Ella dejó de prejuzgar por él.
Él siempre pensó
que era la dama más bella.
Ella siempre soñó
con estar mucho más cerca.
Ellos se amaron como no hubo manera.
Ni el orgullo ni el prejuicio
se interpusieron en esta pareja.
Amaron, aunque significase
quebrar sus propias reglas.

DUELES, QUEMAS

Me has prendido en llamas
y ni siquiera usaste fuego.
Me siento tan ahogada
y lo único que tienes es hielo.
Me dueles como el infierno
y no eres el dios del averno.
Esto es una tortura,
acabarás con mi cordura.
Amas a alguien más.
Sé que a mí nunca me amarás
y prefiero dejarte marchar,
aunque no te vuelva a ver más.
Ni siquiera me miras,
mucho menos me hablas,
y duele tanto tu falta de palabras...
Por favor, habla.
Es tan difícil tenerte tan cerca.
Ojalá no fuese tan terca.
Ojalá pudiese tenerte de vuelta,
pero de que eso era imposible
me di cuenta, ya que nunca te tuve,
y eso es lo que más me quema.

VUELVE, POR FAVOR

Nuestras miradas se cruzan.
No me hablas.
No me escuchas
¿Dónde ha ido esa dulzura,
si hasta hace poco
me tratabas con ternura?
Tu mayor arma es la indiferencia
y me está matando. Tenlo en cuenta.
Y es que actúas como si yo
no estuviera aquí.
Lo peor es que empiezo a sentir
que es así.

GRACIAS, ADIÓS

Vives en mis recuerdos,
pero ni en ellos estamos cuerdos.
Te aprecié de corazón,
pero no creo que hubiese amor
y, a pesar de todo, sigues con la razón.
Te he superado,
pero nunca serás olvidado.
Tu sabor es agridulce cuando en ti pienso,
pero, aun así, el ambiente nunca está tenso.
Sé que te acuerdas y yo también me acuerdo:
los chistes, los apodos
y, sin ningún lamento,
me da pena escribir con escaso sentimiento.
Pudo ocurrir, pero ambos tuvimos miedo.
Ahora la cosa puede seguir,
ya no tenemos de qué huir.
La nostalgia es el único vínculo
que nos mantuvo en un círculo
y te extrañé como no tienes idea.
Y sé que yo también pasé por tu cabeza.
Ahora que ya no hay nada a lo que aferrarse,
gracias por de mí formar parte.

SAN VALENTÍN

Te envié un poema anónimo por San Valentín.
En medio de clase lo empezaste a abrir
e inmediatamente todos se empezaron a reír.
Arrugaste el papel y lo tiraste enfrente de mí,
y mi corazón se quebró en mil.
Recibí un poema anónimo por San Valentín.
Al abrirlo, las emociones empezaron a surgir,
pero me tuve que reír,
ocultando las ganas de saltar y sonreír,
ocultando que sabía perfectamente
que esa letra venía de ti,
ocultando lo enamorado y feliz
que, gracias a ti, pasé San Valentín.

¿DÓNDE ESTOY? ¿QUÉ HAGO?

Me despierto chillando:
me estoy ahogando.
¿Dónde estoy?
¿Qué hago?
Veo esas preguntas por todos lados,
hasta en una pared
en la que nunca han pintado;
las oigo en todos lados,
hasta en un techo
en el que nada se ha escuchado.
Suplico y no paro.
Aumenta el tamaño.
Tiene que ser un engaño.
Aumenta el sonido.
Esto está jodido.
¿Dónde estoy?
¿Qué hago?
Estoy nuevamente en mi cuarto,
tumbada y llorando,
y, aun así, me sigo preguntando.
¿Dónde estoy?
¿Qué hago?
Corro, salto, huyo,

pero en mi cabeza sigue el murmullo.
Pienso tanto en ello,
y la respuesta
aún no está en mi cerebro.
Sigo buscando.
Sigo temblando.
¿Dónde estoy?
¿Qué hago?
Lo único que sé
es que me he derrumbado.

TRES SON MULTITUD

El uno es para aquel que busca soledad,
el dos es para quien ansía complicidad
y el tres es para quien desea sobrar,
pues solo alguien fácil de engañar
caería una vez más
en ese intento de intentarse involucrar.
Pero sin ningún número par
no te aseguro que no volverá a pasar,
aunque sé que serás tú quien sobrará.

IDIOTA

No entiendo tus razones,
ni tu falta de intenciones,
y suelo ser buena leyendo a las personas.
Quizá sea el motivo de por qué me apasionas.
Me miras mientras besas a otra.
¿Cuál es tu problema, idiota?
Sería más fácil que no me dieses esperanzas.
Mi cabeza está llena de ilusiones falsas.
Ni siquiera me diriges la palabra
y, como yo también soy idiota,
me siento como si realmente te importara.

TRES SEGUNDOS

Un dilema de tres minutos:
¿le escribo o me oculto?
Tres segundos te tomó contestarme.
Tres segundos tardé en emocionarme.
En tres segundos paraste de hablarme.
En tres segundos me viste la cara
y tu mente quedó desilusionada.
Tres fueron las horas
que pasé hablándote;
tres fueron los minutos
que tardaste en conquistarme,
y tres fueron los segundos
en los que me destrozaste.

JERSEY MORADO

Oh, jersey morado,
lleva tu olor impregnado,
aún siento tu mirada en su bordado.
Oh, jersey morado,
que me ha dado tanto
como me ha robado,
hasta algunas mariposas se han colado.
Oh, jersey morado,
aún no me he acostumbrado
a volver a llevarlo, pero sin ti a mi lado.
Oh, jersey morado,
debí quemarlo la primera vez
que lo habías mirado.

BLOQUEO ESCRITOR

Bloqueo escritor.
¿Qué hago, doctor?
No puedo escribir sobre amor,
porque se me partiría el corazón.
Tampoco sobre dinero,
siempre es un quiero y no puedo.
Ni sobre las amistades,
solo en pocas hay verdades.
¿Y quién sería yo para criticar?
Irónicamente, ni al espejo me puedo mirar.
Cuando escribo un poema,
siento que dejo de estar cuerda.
No sé cuál será mi próxima pasión,
pero escribir de momento está en un cajón.

PUERTA

Tocaba la puerta.
No abro, no quiero ser violenta.
Tocaba la puerta.
Quería entrar, pero no lo tenía en cuenta.
Tocaba la puerta.
Yo no quería arruinar todo en su cabeza,
pero, aun así, tocaba la puerta.
Me arrepiento de dejarla abierta,
escuché el suspiro antes de entrar a verla.
Entró por la puerta,
tiene miedo y me doy cuenta.
Once pasos hacia la derecha
le tocará asumir las consecuencias.
Llega con cara descontenta.
Solloza porque sabe
que no puede dar la vuelta.
Llora porque entró por la puerta
y porque no volverá a ser esa persona
que entró por esa puerta,
y yo lloro por haberla dejado abierta.

MI NOMBRE

Hay algo extraño
en cómo mueves los labios
cuando mi nombre estás pronunciando.
Es como si me estuvieras hechizando,
y eso que yo no creía en las mariposas,
pero llegaste tú y dejé de escuchar
el resto de cosas.
Me haces sentir que hay algo especial
en mi nombre
y no puedo evitar sonreír
cada vez que alguien lo oye.
Me pregunto qué te pasa por la cabeza
cada vez que lo piensas.
Quizá algún día lo sepa,
no sé cuándo y no sé dónde.

P. D.: A mí también me encanta tu nombre.

PERSONALIDAD DE MIERDA

Harta de esta personalidad de mierda:
ser graciosa es ser lerda;
abrir la boca es estar loca;
todos hablan, nadie grita;
tienen miedo, les importa cero;
mucha risa, hasta que tienen prisa;
en el momento de ser sincera,
seré la primera;
si se cansan, te dan la espalda
y, al final, es tu culpa
por no ser astuta,
por ser lerda,
por tener una personalidad de mierda.

LOCA

Imagino un pisito
pequeño y bonito,
con un dulce gatito.
Dentro hay una mujer
que nunca se ha hecho de querer,
sin nada que ganar
y sin nada que perder.
Pasea sola, con una canción
animándole la hora.
Lee en un parque.
La gente piensa
que no hay quien la aguante
Está loca, loca de pasión,
pero con poca cosa,
nada destacable.
A esta mujer le falta un cable.
No habla, no grita
le han cortado la boquita.
Está sola, solita.
Parece disfrutarlo,
pero, en realidad, la está matando.

EXPLOTARÁ

Bomba de relojería,
le queda poca vida.
Presiento su explosión,
tengo la sensación.
Va ganando mi intuición:
algo no va bien
y nadie lo ve.
Va a salir mal,
va a salir fatal.
No sé qué va a pasar,
pero va a explotar
y esta vez nadie la podrá salvar.

APASIONADA

¿Puedes enamorarte de una palabra?
Una que lleva tu huella marcada,
una que tenga tu esencia impregnada;
en mi caso, es «apasionada».
Aunque no siempre sea bien interpretada,
define mi ser y mi alma,
la palabra que me levanta cada mañana,
que me hace sentir que no soy tan rara.
Puede que sea diferente,
no muy coherente,
y que la gente piense
que estoy demente,
pero me hizo ser decente
y lo gozo gratamente.
Gracias por tu alegría.
Mi sonrisa al pronunciar
tu dulce melodía
me hace expresar
lo que no me atrevo a declarar
y puede que grite,
que sea muy intensa,
pero no me arrepiento
de perder la cabeza.

Si eso significa que estoy loca,
lo tendré en cuenta,
pero la palabra «apasionada»
me hace sentirme orgullosa
de mi existencia.

2 DE ABRIL

Querido 2 de abril,
que cariño me diste mil,
que me hiciste sentir
que el mundo estaba hecho para mí.
Querido 2 de abril,
que mi alma partiste en mil,
que tan mal me hiciste sentir
que el mundo no era nada sin ti.
Un 2 de abril te conocí.
Un 2 de abril caí por ti.
Un 2 de abril te perdí.
Un 2 de abril me destruí.

INSPIRACIÓN

Una amiga y yo discutíamos
acerca de la inspiración
sobre quien escribe de amor.
Ella decía que siempre había alguien
por el que escribir.
Yo lo negaba,
diciendo que eso no era así.
Evidentemente le mentí.
Claro que me inspiraba en alguien
para hablar de amor,
pero me ha roto el corazón.
Quizá, por eso, este poemario
está guardado en un rincón.
He perdido a quien era
mi mayor inspiración.
He perdido a quien era
mi gran amor.

CUÁNTO ME GUSTA(BA)S

Cada noche la misma cuestión:
¿será él mi gran amor?
La respuesta era siempre no,
pero soñar era inofensivo.
Cada mañana la misma sonrisa,
esa que siempre traías
y lo mucho que te reías.
La risa que se convirtió
en mi mayor alegría.
Cada tardé que pasé contigo
—las cuales no fueron
porque quisieras estar conmigo—
fueron una bendición
para mi corazón.
No sé si fue tu falta de juicio
o que eras un vicio,
solo sé de mi encapricho.
Gustar, amar…
palabras tan simples que me hacen llorar.
Pero, si nunca me llegaste a gustar,
¿por qué es tan difícil dejarte de amar?

AUSENCIA DE LUZ

Ausencia de luz,
un punto sin vida
que cobra alta voz en mi día.
Ausencia de luz,
un punto entre mil
que me duele oír,
me hace querer morir;
es negro, está roto.
Poco a poco me derrumbo,
mi cabeza está sin rumbo
y me marea el suelo profundo.
Ausencia de luz,
tan poco empeño
lo hace ver tan pequeño,
un punto entre un millón
cada vez más insignificante,
seguro que no era tan importante.
Esto está dejando de molestarme
y empieza a gustarme.
Ausencia de luz,
un punto entre un billón;
ya no lo veo,
ni tampoco lo deseo.

Ausencia de luz,
ya no está conmigo,
ha desaparecido.
Veo la luz.
El punto se ha esfumado
y en mí ya no está marcado.

BAILAR

Dar vueltas hasta marearme,
saltar hasta hartarme,
usar los pies hasta quemarme,
mover los brazos hasta cansarme.
Quiero bailar más que nadie,
necesito bailar más que nadie,
bailar hasta matarme,
pero siempre será demasiado tarde.

MI PERSONA FAVORITA

Mi persona favorita
fue con la que nunca hice un plan,
nunca nos besamos
y mucho menos pasamos a más;
de hecho, tampoco llegamos a mucho hablar,
pero observarte me enamoraba cada vez más.
Detalles tan insignificantes
te hacían a mi parecer tan brillante,
y me parece hasta indignante
lo mucho que llegué a amarte,
que un simple mensaje
me hacía saltar hasta cansarme.
El más mínimo contacto
erizaba mi piel y evitaba mi llanto,
y ya me tenías de nuevo sonriendo
como una loca sin remedio.
Parece que lo haces aposta.
Te gusta ver cómo babea mi boca,
cómo con los ojos intento expresar
todo lo que siento,
esas miradas que solo tú y yo entendemos.
Incluso parece que soy una burla para ti,
besando a tu novia mientras me miras a mí.

Me confundes, me consumes.
Me mata hasta oler tu perfume.
Estoy harta de recordarte,
de escuchar una canción
y no parar de pensarte.
Me desquicia tanto no poder controlarme,
tan harta de este sentimiento,
que probablemente me mate,
porque ¿sabes lo peor?
Sé que toda nuestra relación
solo existió en mi imaginación
y, aun así, te convertiste
en mi persona favorita,
con la que deseaba compartir
el resto de mi vida,
contarte todas mis tonterías,
desquiciarte con mis teorías,
que me cuentes tu día y yo sonría,
compartir pensamientos
que nunca me atrevería,
cometer locuras
en las que nunca pensaría.
No creo haberme equivocado
de persona favorita.
Tal vez solo me equivoqué de vida.

CAYENDO POR TI

Todos tenemos ojos
cerrados con cerrojos,
cuya llave está en tu sonrisa,
que automáticamente provoca la mía.
Típico graciosillo,
típico sobrado,
al cual le sobra encanto,
ilumina todo el cuarto,
brillante, apasionado,
deja a cualquiera ensimismado.
Pierdo la noción,
que ahora está en mi corazón.
Mirada latente,
que es tan potente,
me hace caer
por ti lentamente.

¿?

Estoy confundida.
Mi cabeza está perdida;
mi cara, fundida;
mis sentimientos, desbordados.
Cuesta mucho controlarlos.
Hay tanto movimiento
que se lleva mi pensamiento.
Toda mi razón
es remplazada por temor.
Esta emoción es desmesurada,
me está dejando agotada,
cada vez estoy más acelerada
y mi cabeza más alborotada.
Esto lleva un nombre y apellido,
y es el tuyo,
el único murmullo
que revoluciona mi lugar seguro
y ahí mi corazón piensa:
«¿Qué diablos le has hecho a mi cabeza?».

SABORES

Qué dulce fue
el abrazo que nunca compartimos,
el beso que nunca nos dimos,
la primera cita que nunca tuvimos,
el amor que desconocimos.
Agridulce fue
mi total inocencia,
mi gran tontería
o las ganas que realmente tenía
de que todo eso no fuera mentira.
Qué amargo fue
el día que tu mirada
dejó de cruzarse con la mía,
aunque pocas veces lo hacía.
Que ácido fue
el día que sentí que te perdía,
pero eso era imposible,
ya que no te tenía.

(NO) ME ATREVÍ

Quizá sea mi cara malhumorada
o mi habla mal mirada,
pues mi falta de dejar
deja mucho que desear.
Tal vez sea el comienzo
o simplemente el fin.
Pintaré en este lienzo
hasta que me quede sin.
Puede que sea desdichada,
una loca y amargada,
pero amargo mi sabor
por aquello que no sintió.
Si mi piel está mal dibujada,
espero que no haya manera de borrarla;
sin ella no sería capaz de sentir,
sentir es mi sinónimo de vivir.
Lento, lo veo,
lo espero, lo leo,
lo plasmo y no lo reparto.
Quedará cerrado en mí
hasta que del gallo no haya canto.
Nunca me arrepentí,

pero tampoco me arriesgué
a dedicar todos esos poemas
que a entregar no me atreví.

Índice